Jan Schultze-Melling

Das Neueste aus dem Bußgeldkatalog

Was ist anders?

Was wird teurer?

Wie kann ich mich wehren?

Inhalt

Kapitel 1: Verwarnungsgeld, Bußgeld oder Staatsanwalt? 3
Kapitel 2: Das Neue im Bußgeldkatalog ... 7

Abbiegen – Abstand – Alkohol – Anschnallen – Autorennen – Drogen – Falschparken – Fußgänger an Überwegen – Geschwindigkeit – Grünpfeil – Haltermeldepflichten – Kennzeichenabdeckung – Kreuzung blockiert – Rote Ampel – Überholen – Unfall – Vorfahrt/Verkehrszeichen – Wenden/Rückwärtsfahren auf Autobahn/Kraftfahrtstraße

Kapitel 3: Alkohol und Drogen am Steuer . 18
Kapitel 4: So wehren Sie sich gegen Knöllchen und Bußgeld 22
Kapitel 5: Charme gegen Knöllchen 31
Schlussbemerkung: Was nicht mehr strafbar ist 32

ISBN 3 8068 2133 X

© 1998 by FALKEN Verlag, 65527 Niedernhausen/Ts.
Die Verwertung der Texte, auch auszugsweise, ist ohne Zustimmung des Verlags urheberrechtswidrig und strafbar. Dies gilt auch für Vervielfältigungen, Übersetzungen, Mikroverfilmungen und für die Verarbeitung mit elektronischen Systemen.
Umschlaggestaltung: Peter Udo Pinzer
Layout: Horst Bachmann
Redaktion: Thomas Wieke
Die Ratschläge in diesem Buch sind von Autor und Verlag sorgfältig erwogen und geprüft, dennoch kann eine Garantie nicht übernommen werden. Eine Haftung des Autors bzw. des Verlags und seiner Beauftragten für Personen-, Sach- und Vermögensschäden ist ausgeschlossen.
Satz: FALKEN Verlag, Niedernhausen/Ts.
Druck: Ludwig Auer GmbH, Donauwörth

817 2635 4453 6271

Kapitel 1: Verwarnungsgeld, Bußgeld oder Staatsanwalt?

Wer sich im Straßenverkehr nicht an die Spielregeln – die Straßenverkehrsordnung und andere Gesetze – hält, riskiert eine Verwarnung, ein Bußgeld oder Ärger mit dem Staatsanwalt.

Das Verwarnungsgeld

Verwarnungsgelder werden bei leichten Verkehrsverstößen verhängt. Sie dürfen zwischen 5 und 75 DM betragen. Typisches Beispiel: Die Parkuhr war abgelaufen. Kostet bis 30 Minuten 10 DM. Mehr zum Thema Falschparken auf Seite 10.

Das Bußgeld

Bußgelder werden bei schwereren Verkehrsverstößen verhängt. Ein Bußgeld kann zwischen 80 und mehreren tausend DM betragen.
Verwarnungsgelder und Bußgelder werden von einer Verwaltungsbehörde erlassen. Typisches Beispiel: Sie sind innerorts mit 32 km/h zu schnell geblitzt worden. Folge: 2000 DM Bußgeld, 3 Punkte in Flensburg und 1 Monat Fahrverbot.

Fahrverbot und Entziehung der Fahrerlaubnis

Zu einem Bußgeld oder bei einer Straftat kann ein Fahrverbot oder sogar die Entziehung der Fahrerlaubnis hinzutreten.

Ein **Fahrverbot** bedeutet, dass man überhaupt keine Kraftfahrzeuge im Straßenverkehr führen darf – auch kein Mofa! Ein Fahrverbot beträgt höchstens 3 Monate und wird verhängt bei mittleren Verkehrsverstößen wie z.B. Alkoholisierung (ab 0,8 Promille).

Die **Entziehung der Fahrerlaubnis** bedeutet, dass einem das mit der Fahrprüfung erworbene Recht, bestimmte Kraftfahrzeuge zu führen, für einen bestimmten Zeitraum (oder für immer) wieder aberkannt wird.

Seit neuestem gibt es die Möglichkeit, sich in einem zeitlichen Rahmen von 4 Monaten den Zeitpunkt, an dem man das Fahrverbot antreten möchte, auszusuchen.

> **ÜBRIGENS:**
> *Bei Entziehung der Fahrerlaubnis dürfen Sie Mofa fahren, wenn Sie vor dem 1. Januar 1965 geboren wurden. Sonst nicht!*

Bußgeld und Strafe gehen einher mit Punkten in der „Verkehrssünderkartei", dem Verkehrszentralregister in Flensburg.

Das Verkehrszentralregister

Die Eintragung im „Sündenregister" soll eine Kontrolle über auffällige Verkehrsteilnehmer ermöglichen. Besonders hartnäckige Sünder fallen auf und werden ab einer bestimmten Anzahl von Punkten zur Nachschulung oder zur medizinisch-psychologischen Untersuchung (MPU – im Volksmund **Idiotentest**) gebeten.

Was passiert mit den Punkten?

Nach 2 Jahren (Verkehrsordnungswidrigkeiten und Jugendstraftaten), nach 5 Jahren (Straftaten im Verkehr bis maximal 3 Jahre Freiheitsstrafe) bzw. nach 10 Jahren (bei Freiheitsstrafen über 3 Jahren) werden die Eintragungen gelöscht. Nachfolgende Eintragungen können trotz Fristablauf eine Tilgung verhindern. Spätestens nach 5 Jahren werden jedoch Eintragungen wegen Verkehrsordnungswidrigkeiten gelöscht.

Das Bonussystem: So bauen Sie Ihren Punktestand in Flensburg ab

Es gilt seit neuestem ein Bonussystem. Durch den freiwilligen Besuch so genannter Aufbauseminare können Sie Punkte abbauen. Man erlässt Ihnen
→ 4 Punkte, wenn Sie bei einem Konto bis zu 8 Punkten ein Aufbauseminar besuchen
→ 2 Punkte, wenn Sie bei einem Konto mit 9 bis 13 Punkten ein Aufbauseminar besuchen

Wenn Sie 14 Punkte erreichen und innerhalb der letzten 5 Jahre kein Aufbauseminar besucht haben, werden Sie von der Behörde dazu eingeladen. Die bisherige Bestimmung, ab 14 Punkten die Führerscheinprüfung zu wiederholen, wurde abgeschafft. Und wenn Sie freiwillig zusätzlich an einer verkehrspsychologischen Beratung teilnehmen, werden Ihnen zwei Punkte abgezogen. Falls 18 Punkte und mehr erreicht werden, wird die Fahrerlaubnis entzogen.

Wer allerdings „auf einen Schlag" 14, 18 oder mehr Punkte erreicht, wird so gestellt, als ob er erst 8 bzw. 14 Punkte habe, damit das Bonussystem ausgenutzt werden kann.

Die Straftat und der Staatsanwalt

Der Staatsanwalt tritt auf den Plan, wenn Sie verdächtigt werden, eine Straftat begangen zu haben. Straftaten werden mit Geldstrafe oder Freiheitsstrafe geahndet. Zuständig ist der Strafrichter, der mit einem Strafbefehl oder in einem Urteil entscheidet.

Statt Bußgeld wird eine (deutlich höhere) Geldstrafe oder eine Freiheitsstrafe verhängt. Hinzu treten immer auch Punkte für das Zentralregister in Flensburg. Außerdem kann ein Fahrverbot oder die Entziehung der Fahrerlaubnis ausgesprochen werden.

Eine typische Straftat ist die Trunkenheitsfahrt (mehr als 1,09 Promille). Auch Unfallflucht oder

Straßenverkehrsgefährdung sind Straftaten. Sie müssen mit Geldstrafen von 60 bis weit über 100 „Tagessätzen" (ein Tagessatz = $1/30$ des Monatsnettoeinkommens), in schweren Fällen mit Freiheitsstrafen und mit der Entziehung der Fahrerlaubnis für mindestens ein Jahr rechnen.

Kapitel 2:
Das Neue im Bußgeldkatalog

Ende 1997 und Anfang 1998 hat der Gesetzgeber bei der Ahndung von Verkehrsverstößen wichtige Änderungen vorgenommen. Sie treten mit der Veröffentlichung im Bundesgesetzblatt in Kraft. Einige Bußgelder wurden erhöht und können nun sogar mehrere tausend DM ausmachen. Schon ab 0,3 Promille kann Ihr Führerschein weg sein. Im Folgenden daher ein Überblick über die aktuelle Rechtslage.

Abbiegen und Gefährdung anderer Verkehrsteilnehmer

→ Beim Linksabbiegen nicht voreinander abgebogen und dadurch einen anderen gefährdet: 80 DM und 1 Punkt

→ Abgebogen, ohne Fahrzeug durchfahren zu lassen und dadurch einen anderen gefährdet: 80 DM und 2 Punkte

→ Beim Abbiegen auf einen Fußgänger keine besondere Rücksicht genommen und ihn dadurch gefährdet: 80 DM und 2 Punkte

→ Beim Abbiegen in ein Grundstück, beim Wenden oder beim Rückwärtsfahren einen anderen Verkehrsteilnehmer gefährdet: 100 DM und 2 Punkte.

Abstand zu gering (Zu dichtes Auffahren)

Bei einer Geschwindigkeit von mehr als 80 km/h betrug der Abstand zum vorausfahrenden Fahrzeug in Metern weniger als

$5/10$ des halben Tachowerts:
  80 DM und 1 Punkt
$4/10$ des halben Tachowerts:
  100 DM und 2 Punkte
$3/10$ des halben Tachowerts:
  150 DM und 3 Punkte
$2/10$ des halben Tachowerts:
  200 DM und 4 Punkte sowie 1 Monat Fahrverbot, wenn die Geschwindigkeit mehr als 100 km/h war
$1/10$ des halben Tachowerts:
  250 DM und 4 Punkte, sowie 1 Monat Fahrverbot, wenn die Geschwindigkeit mehr als 100 km/h war

Bei einer Geschwindigkeit von mehr als 130 km/h betrug der Abstand zum vorausfahrenden Fahrzeug in Metern weniger als

5/10 des halben Tachowerts:
  100 DM und 2 Punkte
4/10 des halben Tachowerts:
  150 DM und 3 Punkte
3/10 des halben Tachowerts:
  200 DM und 4 Punkte
2/10 des halben Tachowerts:
  250 DM und 4 Punkte sowie 1 Monat Fahrverbot
1/10 des halben Tachowerts:
  300 DM und 4 Punkte sowie 1 Monat Fahrverbot

Alkohol im Straßenverkehr
Siehe Seite 18 ff.

Anschnallen ist unterlassen worden
Auf Vorder- und Rücksitzen eines Autos müssen die vorhandenen Anschnallgurte verwendet werden. Man unterscheidet zwischen Erwachsenen, die sich selbst nicht anschnallen und solchen, die Kinder unangeschnallt lassen. Erwachsene Gurtmuffel zahlen künftig statt bisher 40 nun 60 DM. Wer Kinder nicht anschnallt, der zahlt dann 80 DM statt bisher 40 und erhält dazu 1 Punkt im Verkehrszentralregister.

Autorennen im Straßenverkehr

Die Teilnehmer an illegalen Autorennen erhalten, soweit keine Straftaten gegeben sind, seit kurzem ein Bußgeld von 300 DM (+ 4 Punkte und 1 Monat Fahrverbot). Die Initiatoren solcher Rennen müssen sogar mit 400 DM rechnen (+ 4 Punkte, kein Fahrverbot).

Drogen im Straßenverkehr

Siehe Seite 18 ff.

Falschparken

→ unzulässig geparkt 20 DM (mit Behinderung 30 DM)
→ in zweiter Reihe 30 DM (mit Behinderung 40 DM) auf Rad- oder Gehwegen 50 DM (mit Behinderung 75 DM)
→ in oder vor Feuerwehrzufahrt 75 DM

Abgelaufene Parkuhr, Parken ohne Scheibe oder Parkschein

bis 30 Minuten	10 DM
bis zu einer Stunde	20 DM
bis zu zwei Stunden	30 DM
bis zu drei Stunden	40 DM
bis zu vier Stunden	50 DM

Vorsicht! Auf Behindertenparkplätzen kostet Falschparken statt bisher 40 künftig 75 DM.

Fußgänger an Überwegen

Mit 100 DM und 4 Punkten wird bestraft, wer an einem Fußgängerüberweg, den ein Fußgänger erkennbar benutzen will, weiterfährt, und wer an Fußgängerüberwege zu schnell heranfährt oder dort überholt.

Geschwindigkeit

Wer mit unerlaubt hoher Geschwindigkeit fährt, muss Strafen befürchten. **Ab 31 km/h innerorts und 41 km/h außerorts droht Fahrverbot.**

Bei normalen Witterungsbedingungen gelten folgende Strafen für zu schnelles Fahren:

bis 10 km/h:	innerorts 30 DM, außerorts 20 DM
11 bis 15 km/h:	innerorts 50 DM, außerorts 40 DM
16 bis 20 km/h:	innerorts 75 DM, außerorts 60 DM
21 bis 25 km/h:	innerorts 100 DM, außerorts 80 DM, jeweils 1 Punkt
26 bis 30 km/h:	innerorts 120 DM, außerorts 100 DM, jeweils 3 Punkte
31 bis 40 km/h:	innerorts 200 DM + 3 Punkte + 1 Monat Fahrverbot, außerorts 150 DM + 3 Punkte

41 bis 50 km/h:	innerorts 250 DM + 4 Punkte, außerorts 200 DM + 3 Punkte, jeweils 1 Monat Fahrverbot
51 bis 60 km/h:	innerorts 350 DM, außerorts 300 DM, jeweils 4 Punkte und 1 Monat Fahrverbot
mehr als 60 km/h:	innerorts 450 DM + 4 Punkte + 2 Monate Fahrverbot, außerorts 400 DM + 4 Punkte + 1 Monat Fahrverbot

Wer bei Sichtweiten unter 50 Meter (Nebel, Schneefall, Regen) die (auch auf Autobahnen) zulässige Höchstgeschwindigkeit 50 km/h überschreitet, muss – sofern nicht verkehrsbedingt noch niedrigere Geschwindigkeiten gefordert sind – mit folgenden Strafen rechnen.

bis 30 km/h:	100 DM + 3 Punkte
31 bis 40 km/h:	innerorts 200 DM + 3 Punkte + 1 Monat Fahrverbot, außerorts 150 DM + 3 Punkte
41 bis 50 km/h:	200 DM + 3 Punkte und innerorts zusätzlich 1 Monat Fahrverbot
51 bis 60 km/h:	200 DM + 3 Punkte und 1 Monat Fahrverbot (inner- und außerorts)

| mehr als 60 km/h: | 400 DM + 3 Punkte und 1 Monat Fahrverbot (inner- und außerorts) |

Vorsicht! Bei zweimal 26 km/h zu viel gibt es ein Fahrverbot, auch wenn Sie weniger als 31 km/h „drüber" waren.

Wenn gegen Sie bereits eine Geldbuße wegen einer Geschwindigkeitsüberschreitung von mindestens 26 km/h festgesetzt wurde, wird innerhalb eines Jahres seit Rechtskraft eine weitere Übertretung mit mindestens 26 km/h mit einem Fahrverbot von einem Monat „wegen beharrlicher Verletzung der Pflichten eines Kraftfahrzeugführers" bestraft.

Grünpfeil
Achtung beim Rechtsabbiegen am Grünpfeil.
→ Vor dem Rechtsabbiegen nicht angehalten: 100 DM und 3 Punkte.
→ den Fahrzeugverkehr der freigegebenen Verkehrsrichtungen, ausgenommen den Fahrradverkehr auf Radwegen gefährdet: 120 DM und 3 Punkte
→ den Fußgängerverkehr oder den Fahrradverkehr auf Radwegen oder freigegebenen Verkehrsrichtungen behindert: 120 DM und 3 Punkte; dabei jemanden gefährdet, 150 DM und 3 Punkte.

Haltermeldepflichten

Wer ein Auto ständig benutzt, ist der Halter und muss das Auto auf sich anmelden! Wer das nicht tut (z.B. weil die Versicherung über den Papi als „Zweitwagen" billiger ist), muss zukünftig mit einem Verwarnungsgeld von 30 DM statt bisher 10 DM rechnen.

Kennzeichenabdeckung

Manche wehren sich gegen Radarfallen mit dem teilweisen Abdecken des Kennzeichens. Wenn das richtige Kennzeichen trotzdem entziffert wird und die Polizei Sie deshalb erwischt, wird nicht nur die Geschwindigkeitsübertretung bestraft, sondern auch die Kennzeichenabdeckung mit 100 DM extra und 1 Punkt.

Kreuzung blockiert

Wer trotz stockenden Verkehrs in eine Kreuzung einfährt und dadurch einen anderen behindert: 40 DM Verwarnungsgeld.

Rote Ampel

Wird eine Rot-Ampel überfahren, gelten zwei Kriterien: 1. wie lange schon Rot war und 2. ob andere Verkehrsteilnehmer gefährdet wurden.
→ weniger als 1 Sekunde Rot kosten 100 DM und 3 Punkte; wird dabei jemand gefährdet: 250 DM, 4 Punkte und 1 Monat Fahrverbot
→ länger als 1 Sekunde Rot kosten 250 DM,

4 Punkte und 1 Monat Fahrverbot; wird dabei jemand gefährdet: 400 DM, 4 Punkte und 1 Monat Fahrverbot.

Überholen
Das Rechtsüberholen wird streng geahndet. Auch wenn viele Autobahnbenutzer das als beliebtes Spielchen betreiben: Rechtsüberholen mit Gefährdung kostet 250 DM. Einen Monat Fahrverbot und 4 Punkte gibt es noch dazu.
Busse, die an einer Haltestelle mit eingeschaltetem Warnblinklicht stehen, dürfen nur mit Schrittgeschwindigkeit überholt werden. Wer das missachtet, wird bei Überschreitung bis 20 km/h mit Bußgeld von 75 DM bestraft. Die Strafandrohung erhöht sich z.B. bei Überschreitung über 31 bis 40 km/h auf 200 DM (+ 3 Punkte und 1 Monat Fahrverbot).
Nähern sich Busse mit Warnblinklicht einer Haltestelle, gilt ein Überholverbot! Wer das missachtet, zahlt 80 DM und bekommt 1 Punkt.

Unfall
Bei einem Unfall müssen Unfallbeteiligte den Verkehr sichern oder bei geringfügigem Schaden unverzüglich beiseite fahren. Wer dies nicht tut, wird mit einem Verwarnungsgeld von 60 DM bestraft. Kommt es zu Sachschaden, erhöht sich das Verwarnungsgeld auf 75 DM. Wer Unfallspuren beseitigt, bevor die notwendigen Fest-

stellungen getroffen wurden, hat 60 DM Verwarnungsgeld zu erwarten.

Die Strafen können bei einem Unfall im Vergleich zu den geringen Verwarnungsgeldern sehr hoch werden, wenn eine der nachfolgenden Straftaten begangen wird.

Unerlaubtes Verlassen des Unfallortes (Unfallflucht)

Wer sich unerlaubt vom Unfallort entfernt, wird mit Geld- oder Freiheitsstrafe bis zu 3 Jahren bestraft, erhält 7 Punkte und bekommt die Fahrerlaubnis entzogen, wenn er wusste oder wissen konnte, dass bei dem Unfall ein Mensch getötet oder erheblich verletzt wurde oder an fremden Sachen bedeutende Sachschäden entstanden sind.

Fahrlässige Tötung

Kommt bei einem fahrlässig verursachten Verkehrsunfall ein Mensch zu Tode, kann auf Freiheitsstrafe bis zu 5 Jahren oder Geldstrafe erkannt werden. Auf jeden Fall gibt's 5 Punkte.

Fahrlässige Körperverletzung

Wird bei einem fahrlässig verursachten Verkehrsunfall ein Mensch verletzt, kann auf Freiheitsstrafe bis zu 3 Jahren oder Geldstrafe erkannt werden. 5 Punkte gibt's in jedem Fall.

Unterlassene Hilfeleistung
Wer es unterlässt, bei einem Verkehrsunfall einem Unfallopfer zu helfen, wird mit Freiheitsstrafe bis zu 1 Jahr oder Geldstrafe bestraft und erhält in jedem Fall 5 Punkte.

Vorfahrt/Verkehrszeichen
100 DM Bußgeld und 3 Punkte erhält, wer
➜ die Vorfahrt nicht beachtet und dadurch einen Vorfahrtberechtigten gefährdet;
➜ beim Einfahren in eine Autobahn oder Kraftfahrtstraße Vorfahrt auf der durchgehenden Fahrbahn nicht beachtet;
➜ ein Stoppschild nicht beachtet und dadurch einen anderen gefährdet;
➜ den Vorrang eines Schienenfahrzeuges nicht beachtet oder Bahnübergang unter Verstoß gegen die Wartepflicht überquert.

Wenden, Rückwärtsfahren u. a. Unarten auf Autobahnen oder Kraftfahrtstraßen
Wenn Sie auf der Autobahn oder auf einer Kraftfahrtstraße wenden, rückwärts oder entgegen der Fahrtrichtung fahren, dann gibt es
➜ in einer Ein- oder Ausfahrt 100 DM Bußgeld und 4 Punkte
➜ auf Nebenfahrbahn oder Seitenstreifen 200 DM und 4 Punkte
➜ auf durchgehender Fahrbahn 300 DM, 4 Punkte und 1 Monat Fahrverbot

Wer den Seitenstreifen benutzt, um schneller vorwärts zu kommen: 100 DM und 2 Punkte.
Wer auf der Autobahn oder auf einer Kraftfahrtstraße parkt: 80 DM und 2 Punkte.
Für grob verkehrswidriges und rücksichtsloses Wenden, Rückwärtsfahren, Fahren entgegen der Fahrtrichtung (schon für den Versuch), können Freiheitsstrafe bis zu 5 Jahren oder Geldstrafe, 7 Punkte und Entziehung der Fahrerlaubnis ausgesprochen werden, wenn dadurch Leib oder Leben eines anderen oder fremde Sachen von bedeutendem Wert gefährdet werden.

Kapitel 3: Alkohol und Drogen am Steuer – teuer und gefährlich

Wenn Sie mit Alkohol oder Drogen in eine Verkehrskontrolle geraten, dann wird es spannend. Denn die Polizei muss Sie erst mal kriegen und Beweise sichern, bevor es eine Strafe gibt. Wenn es Ihnen gelingt, sich im Durcheinander einer Verkehrskontrolle in der Dunkelheit davonzumachen und so das Tüteblasen bzw. die Blutprobe zu vermeiden, kann Ihnen nicht viel passieren. Einzige Chance der Polizei: Sie findet einen Zeugen, der belegen kann, wie viel Sie getrunken haben. Gehen Sie besser nicht gleich nach Hause. Erwischt Sie dort ein Streifenwagen, müssen Sie doch noch zur Blutprobe.

ZWISCHENFRAGE:
Was passiert, wenn die Polizei „Halt! Stehenbleiben!" ruft und Sie weglaufen?

ANTWORT:
Es hängt davon ab, ob Sie gegen die Polizei Gewalt ausgeübt haben. Wenn Sie sich beispielsweise losgerissen oder sonst Gewalt gegen einen Polizisten ausgeübt haben, dann haben Sie sich wegen Widerstandes gegen die Staatsgewalt strafbar gemacht. Das kann sehr teuer werden und ist deshalb auf gar keinen Fall zu empfehlen. Denn Ihre Identität kann ja jederzeit über Ihr Fahrzeug herausgefunden werden. Falls Sie jedoch einfach nur weggelaufen sind, dann kostet Sie das nur ein Verwarnungsgeld von 40 DM.

Drogen im Straßenverkehr
Bisher wurden Drogen im Straßenverkehr nur dann geahndet, wenn jemand fahruntüchtig war. Es ist aber bisher wissenschaftlich weitgehend unerforscht, welche Drogen und Dosierungen die Fahrtüchtigkeit beeinträchtigen.

Der Gesetzgeber hat völlig zu Recht entschieden, dass Drogen im Straßenverkehr nichts zu suchen haben und neuerdings teilweise drakonische Strafen vorgesehen. Bei Cannabis, Heroin, Morphin, Kokain oder Ecstasy im Straßenverkehr werden schon bei geringsten Mengen Geldbußen bis zu 3000 DM und ein Fahrverbot bis zu 3 Monaten angedroht. Dass insoweit ein Unterschied zwischen Alkohol und anderen Drogen gemacht wird, ist inkonsequent. Konsequent wäre eine 0,0-Promillegrenze für Alkohol. Angesichts des Elends, das jedes Jahr auf deutschen Straßen durch angetrunkene Autofahrer angerichtet wird, wird ein völliges Alkoholverbot im Straßenverkehr auch von vielen Fachleuten empfohlen.

Welche Grenzwerte gelten bei Alkohol?
Die Sanktion hängt vom Blutalkoholgehalt (BAK) ab. Bisher war übrigens für die Bestimmung des BAK immer eine Blutprobe erforderlich. Neuerdings ist außerdem auch eine Bestimmung durch den Atemalkohol zulässig.

Bußgeld und Punkte schon ab 0,5 Promille
Seit Frühjahr 1998 gilt eine neue 0,5-Promille-Grenze. Sie müssen bei einem BAK von 0,5 bis 0,79 Promille mit einem Bußgeld von 200 DM und 2 Punkten rechnen. Bei einem BAK in diesem Rahmen gibt es noch kein Fahrverbot.

Fahrverbot ab 0,8 Promille
Ein Fahrverbot (1 Monat) gibt es von 0,8 bis 1,09 Promille. Außerdem 500 DM Bußgeld und 4 Punkte. Wiederholungstätern droht die Erhöhung des Bußgeldes und Verlängerung des Fahrverbotes (maximal 3 Monate).
Ab 1,1 Promille stellt Alkohol im Straßenverkehr keine Ordnungswidrigkeit mehr dar, sondern wird zur Straftat.

Straftat (Trunkenheit im Verkehr)
Ab 1,1 Promille drohen hohe Geldstrafen und die Entziehung der Fahrerlaubnis. Wenn Sie Glück oder einen tüchtigen Anwalt haben, kann es auch „nur" ein Fahrverbot geben.
Ohne Unfall gibt es Geld- oder Freiheitsstrafe, Führerscheinentzug (oft mindestens 1 Jahr) und 7 Punkte. Mit Unfall müssen Sie bei der gleichen Bestrafung zusätzlich die Schadenersatzansprüche der Geschädigten erfüllen.

Alkohol und Straßenverkehrsgefährdung:
Bereits ab 0,3 Promille: Lappen weg!
Wer leicht alkoholisiert ist (ab 0,3 Promille) **und dadurch einen Menschen oder fremde Sachen von bedeutendem Wert gefährdet,** begeht eine Straftat und muss mit einer Geld- oder sogar einer Freiheitsstrafe rechnen. Weitere zwingende Folgen: Entziehung der Fahrerlaubnis (meist mindestens 1 Jahr und 7 Punkte.

> **ÜBRIGENS:**
> *Der „bedeutende Wert" von Sachen beginnt nach derzeitiger Rechtsprechung bei etwa 1200 DM.*

Vorsicht: Schon ein Laternenpfahl oder ein Verkehrsschild kann teurer sein!

> **BEISPIEL:**
> *Wenn Sie mit 0,4 Promille zu schnell fahren, deshalb aus der Kurve fliegen und einen Fußgänger oder ein parkendes Auto nur knapp verfehlen, kann der Führerschein für lange Zeit weg sein. Hinzu kommt noch eine Geldstrafe von drei bis vier Nettomonatsgehältern. Im Wiederholungsfall erhöhen sich die Strafen!*

Voraussetzung für die Strafbarkeit ist außer der Alkoholisierung nur, dass Sie entweder einen Menschen oder eine Sache gefährden.

Kapitel 4:
So wehren Sie sich gegen Knöllchen und Bußgeld

Sie sind Radarfallen und Politessen nicht hilflos ausgeliefert, sondern können sich wehren!

Keine Angst vor Behörden

Knöllchen sind ärgerlich, erscheinen einem immer viel zu teuer und unverdient. Bußgelder und die damit verbundenen Punkte in der Flensburger Verkehrssünderkartei tun weh. Noch schmerzhafter wird es, wenn Sie ein Fahrverbot aufgebrummt bekommen oder Sie so viele Punkte angesammelt haben, dass Sie von der Führerscheinbehörde zu einer medizinisch-psychologischen Untersuchung geladen werden. Noch schlimmer wird die ganze Angelegenheit, wenn Ihnen die Behörde die Fahrerlaubnis entzieht. Es stellt sich die Frage: Kann man etwas dagegen unternehmen?

Was Sie gegen ein Knöllchen oder Strafmandat tun können

Hinter Ihrem Scheibenwischer prangt ein Strafzettel, weil Ihnen an der Parkuhr das Kleingeld gefehlt hatte oder Sie es einfach zu eilig hatten, um einen Parkschein zu ziehen oder dem hungrigen Münzenschlucker neben dem Parkplatz das Geld in den Rachen zu drücken. Kostenpunkt: 10 DM. Ein solches Knöllchen, das meist mit „Verwarnung" überschrieben ist, zieht zunächst einmal noch kein Bußgeldverfahren nach sich. Wenn Sie das Knöllchen nicht bezahlen, erhalten Sie ein paar Tage später einen **Anhörungsbogen,** auf dem Sie Ihre Sicht der Dinge erläutern können.

Einen Anhörungsbogen erhalten Sie auch, wenn Ihnen eine Ordnungswidrigkeit vorgeworfen wird. Auf dem Anhörungsbogen haben Sie die Möglichkeit, ob Sie den Verkehrsverstoß zugeben oder nicht. Nachdem Sie der Behörde geantwortet haben, gibt es drei Möglichkeiten:

1. Das Verfahren wird eingestellt – beispielsweise, wenn Sie die Behörde davon überzeugen können, dass nicht Sie den Verkehrsverstoß begangen haben.

2. Sie zeigen sich einsichtig und bezahlen – wenn Sie einsehen, dass Ihnen die Behörde Ihre Schuld wird nachweisen können.

3. Sie zahlen nicht – beispielsweise, weil Sie sich sicher sind, dass die Person auf dem Blitzfoto keine große Ähnlichkeit mit Ihnen hat (oder haben kann).

Zahlen Sie nicht, erhalten Sie einen **Bußgeldbescheid** (Volksmund: Strafmandat).

Wenn Sie beispielsweise von der Polizei nach einer Radarfalle angehalten worden sind, bekommen Sie meistens sofort einen Bußgeldbescheid: Sie wurden von der Polizei ja gefragt und hatten deshalb schon Gelegenheit, Ihre Sicht der Dinge zu äußern.

Der Einspruch gegen den Bußgeldbescheid

Legen Sie nicht innerhalb von zwei Wochen nach Zustellung des Bußgeldbescheides Einspruch ein, wird der Bescheid rechtskräftig. Die Frist läuft zwei Wochen nachdem der Bescheid zugestellt wurde am selben Wochentag um 24 Uhr ab. Ihr Einspruch sollte in jedem Fall schriftlich bei der Behörde eingereicht werden, die den Bußgeldbescheid erlassen hat, obwohl die Rechtsprechung einen telefonischen Einspruch für ausreichend hält.

> **ACHTUNG:**
> *Auch ein Einspruch per Fax verhindert die Rechtskraft! Allerdings müssen Sie das Schreiben Ihrem Fax mit normaler Post nachsenden. Einschreiben mit Rückschein ist am sichersten. Ihr Einspruch kann sich auf einzelne Tatsachen beschränken, wenn im Bußgeldbescheid mehrere Geldbußen festgesetzt sind.*

In dem auf Seite 26 wiedergegebenen Musterbrief finden Sie ein Beispiel, wie ein Bußgeldbescheid gut begründet aus der Welt geschafft werden kann.

Wie in einem Strafverfahren muss es Ihnen der Staat auch im Bußgeldverfahren nachweisen, dass Sie der Täter sind. Falls das nicht gelingt, sind Sie auch nicht verpflichtet, den wahren Übeltäter zu nennen.

Unwirksam wird ein Einspruch, wenn er von Ihrer Seite mit Bedingungen verknüpft ist, etwa, wenn Sie ihn von Ratenzahlungen an die Ver-

[Name und Anschrift des Einspruchsführers]

An: [Adresse der Bußgeldbehörde]

Betreff: Bußgeldbescheid AZ [Akten- oder Buchungszeichens], vom [Datum des Bußgeldbescheides], zugestellt am [Datum der Zustellung]

Sehr geehrte Damen und Herren,

hiermit lege ich gegen den o. g. Bußgeldbescheid
Einspruch
ein.

Begründung: [Beispiel]
In dem Bußgeldbescheid wird mir vorgeworfen, ich sei am 1.5.1998 um 15.20 Uhr auf der Hauptstraße in XY-Stadt zu schnell gefahren. Dies ist jedoch unzutreffend, denn ich war an diesem Tag nicht in XY-Stadt, sondern von morgens bis abends im Ballermann auf Mallorca. Aus dem Lichtbild müsste sich ergeben, dass ich mit der fotografierten Person keine Ähnlichkeit habe. Sie erhalten dazu eine Kopie meines Personalausweises. Weitere Angaben mache ich zu diesem Thema nicht. Ich bitte, mir den Eingang des Einspruchs zu bestätigen.

Mit freundlichen Grüßen!
[Unterschrift]

waltungsbehörde abhängig machen. Begründen müssen Sie Ihren Einspruch hingegen nicht. Es genügt, dass Sie in einem Brief den Einspruch erklären und diesen Brief unterschreiben. Allerdings kann eine Begründung durchaus zweckmäßig sein.

Prüfen Sie jedoch, ob sich ein Einspruch überhaupt lohnt, und bedenken Sie:

→ Wie sehen die finanziellen Folgen eines Einspruches aus (Anwaltsgebühren, Gerichts- und Gutachterkosten, Zeugenauslagen etc.)? Haben Sie eine Rechtsschutzversicherung, klären Sie vorab die Kostenübernahme.

→ Was kann demgegenüber ein erfolgreicher Einspruch bringen? Hat z.B. ein Fahrverbot für Sie so weitreichende Folgen, dass Sie auch bei geringen Aussichten das Kostenrisiko auf sich nehmen wollen?

Die besten Chancen haben Sie bei **Falschparken im Notfall** (z.B. dringender Arztbesuch), bei **neu aufgestellten Verkehrsschildern,** bei **minimalen Geschwindigkeitsüberschreitungen,** bei **defekten Parkuhren** und nachweislich **defekten Sicherheitsgurten.**

Einspruchsfrist überschritten?

Wenn die Einspruchsfrist abgelaufen ist, dann ist der Bußgeldbescheid rechtskräftig geworden. Selbst wenn er völlig ungerecht sein sollte, können Sie nichts mehr dagegen unternehmen. Einzige Ausnahme: Wenn Sie die so genannte Wiedereinsetzung beantragen können, dann können Sie die Verfristung „heilen". Wiedereingesetzt wird das Verfahren jedoch nur, wenn Sie an der Nichteinhaltung der Einspruchsfrist keine Schuld tragen. Ein Beispiel:

[Name und Anschrift des Einspruchsführers]

An: [Adresse der Bußgeldbehörde]

Betreff: Bußgeldbescheid AZ [Angabe des Akten- oder Buchungszeichens], vom [Datum des Bußgeldbescheides], zugestellt am [Datum der Zustellung]

Sehr geehrte Damen und Herren,

hiermit beantrage ich
Wiedereinsetzung in den vorherigen Stand.

Außerdem lege ich
Einspruch
ein.

Begründung: [Beispiel]
Der Bußgeldbescheid wurde mir am 15.07.1998 durch Niederlegung zugestellt. Zu dem damaligen Zeitpunkt befand ich mich nach einem schweren Verkehrsunfall auf der Intensivstation des XY-Krankenhauses. Dort bin ich erst am 19.08.1998 entlassen worden.
. Beweis: anliegende Bescheinigung des XY-Krankenhauses

Ich war daher vor dem 19.08.1998 unverschuldet nicht in der Lage, von dem Bußgeldbescheid Kenntnis zu nehmen. Das konnte erst am 20.08.1998 geschehen, als ich den Bußgeldbescheid auf Grund der Niederlegungsnachricht auf dem Postamt abgeholt habe. Mein heutiger Einspruch vom 21.08.1998 ist daher – nach Wiedereinsetzung in den vorherigen Stand – noch als rechtzeitig anzusehen.

In dem Bußgeldbescheid wird mir vorgeworfen, ich sei am 14.06.1998 in Hamburg in der Hauptstraße 120 km/h gefahren, obwohl dort nur 70 km/h erlaubt sind. Die von Ihnen angegebene Geschwindigkeit ist unzutreffend. Dafür benenne ich als Zeugen:

. Herrn Manfred Beweiskräftig, XY-Straße. 4, 12345 Musterstadt
. Herrn Egon Meineid, XY-Straße. 12, 12345 Musterstadt

Diese beiden Arbeitskollegen befanden sich zur fraglichen Zeit in meinem Fahrzeug, da wir eine Fahrgemeinschaft gebildet haben. Die beiden Zeugen werden bestätigen, dass ich nicht schneller als 70 km/h, auf keinen Fall aber 120 km/h gefahren bin. Ich kann mir Ihren Bußgeldbescheid nur mit einem Messfehler oder mit einer Verwechslung erklären.

Ich bitte, mir den Eingang des Einspruchs zu bestätigen.

Mit freundlichen Grüßen

Die Folgen des Einspruchs

Ein Einspruch kann Folgen haben. Wenn die Behörde das Verfahren nicht einstellt, wird die Akte von der Bußgeldbehörde an die Staatsanwaltschaft weitergegeben. Auch die Staatsanwaltschaft kann das Verfahren einstellen. Dann ist der Fall für Sie erledigt.

Wird der Fall weiterbearbeitet, gehen die Akten an den Strafrichter beim zuständigen Amtsgericht. Das Amtsgericht setzt entweder einen Termin für eine (mündliche) Hauptverhandlung an, oder teilt Ihnen und der Staatsanwaltschaft mit, dass es eine solche für nicht erforderlich hält. Wenn beide einer solchen Mitteilung nicht widersprechen, entscheidet das Gericht Ihren

Fall durch Beschluss; auch dann übrigens, wenn es Ihren Einspruch für unzulässig hält.

Das Gericht kann in einer mündlichen Verhandlung Ihren Fall übrigens für Sie noch ungünstiger sehen als die Verwaltungsbehörde beim Erlass des Bußgeldbescheides und den Bußgeldbescheid auch zu Ihren Ungunsten abändern. Sie können allerdings immer die „Notbremse" ziehen. Wenn das Gericht andeutet, dass auch eine schärfere Bestrafung infrage kommt, kann das „ein Wink mit dem Zaunpfahl" sein, den Einspruch zurückzunehmen. Sofort mit der Rücknahme wird der Bußgeldbescheid rechtskräftig. Das bedeutet übrigens auch, daß ein Fahrverbot oder die Entziehung der Fahrerlaubnis sofort wirksam werden. Sie dürfen also unter diesen Umständen vom Gerichtssaal nicht mehr mit dem Auto nach Hause fahren.

Besprechen Sie die Sache mit dem Rechtsanwalt Ihres Vertrauens. Denn dieser hat die nötige professionelle Kompetenz und beurteilt Ihren Fall dank seiner Erfahrung mit Sicherheit objektiv und zutreffend.

Kapitel 5:
Charme gegen Knöllchen

Mitunter empfiehlt es sich, nicht immer gleich den großen juristischen Hammer aus dem Werkzeugkoffer zu holen, wenn man sich im Recht (oder beinahe im Recht) glaubt. Häufig haben auch Charme, Humor und ein Strauß Blumen einen Bußgeldbescheid verhindert.

Bekannt ist die Geschichte des Fußballfans, der wegen Geschwindigkeitsüberschreitung 3 Punkte in Flensburg bekommen sollte und der an die Behörde schrieb, er freue sich zwar über die 3 Punkte, aber sein Fußballclub sei abstiegsgefährdet und brauche die 3 Punkte viel nötiger als er, weshalb er um die Umbuchung der Punkte nachsuche. Die Behörde honorierte diesen Witz mit der Einstellung des Verfahrens.

Ein Berliner Autofahrer wurde mit 60 km/h „geblitzt". Erlaubt waren 50, doch die Strecke war früher Schnellstraße gewesen; über Nacht waren die „60"-Schilder entfernt worden. Der Polizeipräsident forderte 30 DM. Nachdem der erste Zorn verraucht war, erbot sich der Autofahrer, einer Berliner Politesse, die der Herr Polizeipräsident bitte benennen möge, ersatzweise einen Blumenstrauß für 30 DM zu überreichen. Das Verfahren wurde eingestellt.

Eine Wiesbadener Autofahrerin parkte vor der Schule ihrer Tochter im Haltverbot. Das Ordnungsamt verhängte 30 DM. Die Fahrerin spendete 30 DM einem Hilfswerk für brasilianische Straßenkinder und übersandte die Spendenquittung mit der Bitte um ersatzweise Anerkennung ans Ordnungsamt. Das Verfahren wurde – aus Einsicht oder aus Angst vor schlechter Presse – eingestellt.

Schlussbemerkung: Was nicht mehr strafbar ist

Was Sie schon immer getan haben, weil Sie gar nicht wussten, dass es sich um Ordnungswidrigkeiten handelt, können Sie nun im vollen Bewusstsein der Rechtmäßigkeit tun. Worum es sich handelt?
Das Einschalten der Warnblinkanlage beim Heranfahren an ein Stauende wird seit 01. 09. 1997 nicht mehr als „missbräuchliche Benutzung" geahndet.
Es empfiehlt sich also stets, die aktuellen Gesetzesnovellen und auch die aktuelle Rechtsprechung zu verfolgen.